AF189290

Impressum
Verlag: BABADADA GmbH, Nedderfeld 112 , 22529 Hamburg
Geschäftsführer / Verlagsleitung: Harald Hof
Druck: Books on Demand GmbH, In de Tarpen 42, 22848 Norderstedt

Imprint
Publisher: BABADADA GmbH, Nedderfeld 112 , 22529 Hamburg, Germany
Managing Director / Publishing direction: Harald Hof
Print: Books on Demand GmbH, In de Tarpen 42, 22848 Norderstedt

sekolah
school

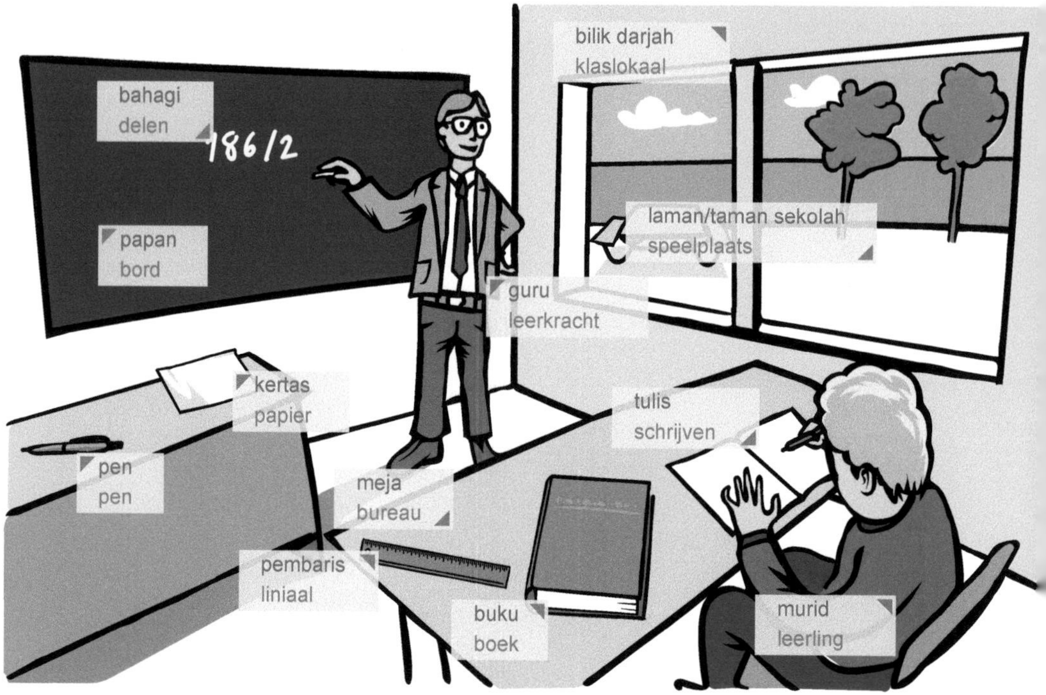
bilik darjah
klaslokaal
bahagi
delen
186/2
papan
bord
laman/taman sekolah
speelplaats
guru
leerkracht
kertas
papier
tulis
schrijven
pen
pen
meja
bureau
pembaris
liniaal
buku
boek
murid
leerling

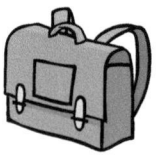

beg galas

schooltas

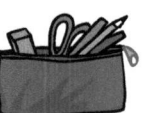

kotak pensel

pennenzak

pensel

potlood

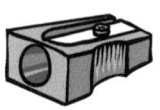

pengasah pensel

puntenslijper

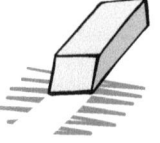

pemadam

gom

kertas lukisan

tekenblok

melukis
tekening

berus lukis
verfborstel

kotak warna
verfdoos

gunting
schaar

gam
lijm

buku latihan
werkboek

kerja rumah
huiswerk

nombor
nummer

tambah
optellen

tolak
aftrekken

darab
vermenigvuldigen

kira
rekenen

huruf
letter

abjad
alfabet

kata
woord

teks

tekst

baca

Lezen

kapur

krijt

pelajaran

les

daftar

klassenboek

peperiksaan

examen

sijil

certificaat

uniform sekolah

schooluniform

pendidikan

onderwijs

ensiklopedia

encyclopedie

universiti

universiteit

mikroskop

microscoop

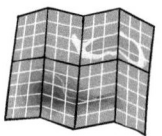

peta

kaart

bakul sampah

papiermand

berjalan
reis

hotel
hotel
Grand
asrama
jeugdherberg
ROOMS
EXCHANGE
pejabat tukaran mata wang
wisselkantoor
beg pakaian
koffer
kereta
auto

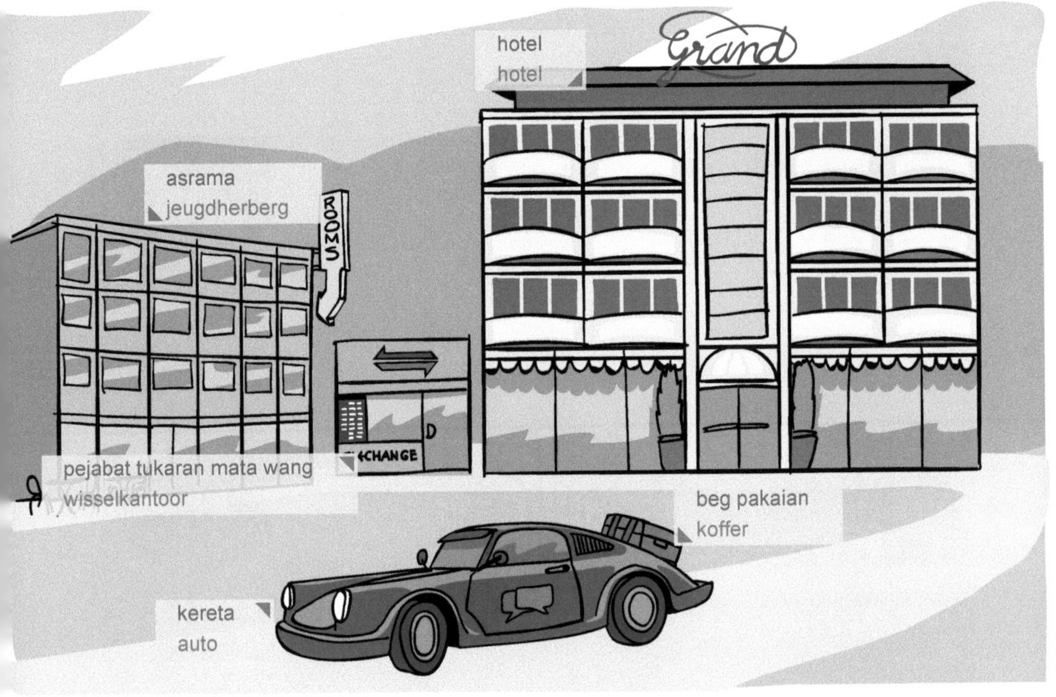

bahasa
Taal

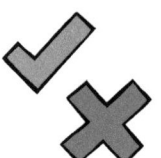

ya / tidak
ja / nee

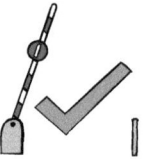

okey
oké

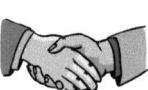

helo
hallo

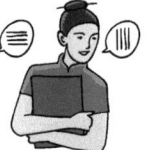

penterjemah
vertaler

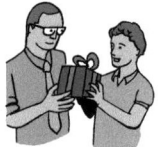

Terima kasih
bedankt

berapa banyak…?

Hoeveel kost …?

saya tidak faham

Ik begrijp het niet

masalah

probleem

Selamat petang!

Goedenavond!

Selamat Pagi!

Goedemorgen!

Selamat Malam!

Goedenavond!

selamat tinggal

Tot ziens

arah

richting

bagasi

bagage

beg

zak

beg galas

rugzak

tetamu

gast

bilik tidur

kamer

beg tidur

slaapzak

khemah

tent

maklumat pelancong

toeristeninformatie

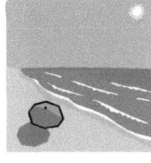

pantai

strand

kad kredit

kredietkaart

sarapan

ontbijt

makan tengah hari

lunch

makan malam

avondeten

tiket

ticket

lif

lift

setem

postzegel

sempadan

grens

kastam

douane

kedutaan

ambassade

visa

visum

pasport

paspoort

pengangkutan
transport

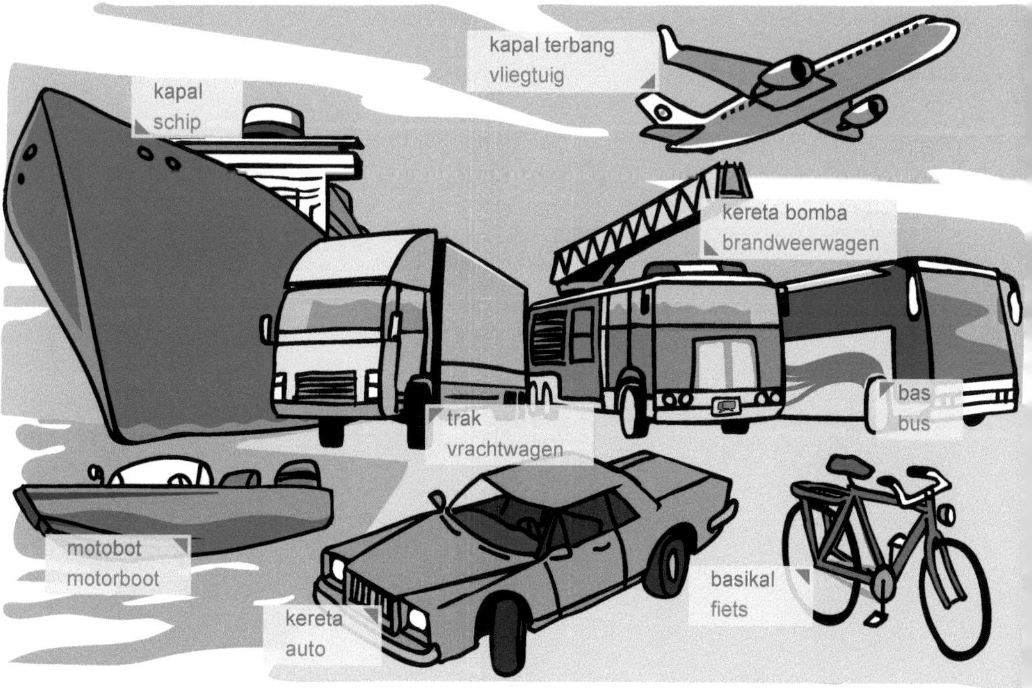

kapal terbang
vliegtuig
kapal
schip
kereta bomba
brandweerwagen
bas
bus
trak
vrachtwagen
motobot
motorboot
basikal
fiets
kereta
auto

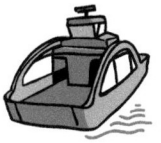

feri

veerboot

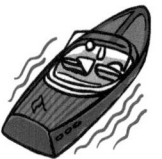

bot

boot

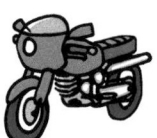

motosikal

motor

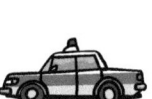

kereta polis

politiewagen

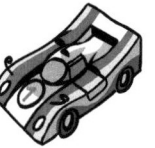

kereta lumba

racewagen

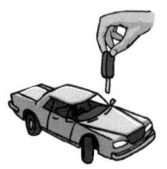

kereta sewa

huurauto

berkongsi kereta

carpoolen

trak tunda

sleepwagen

trak menolak

vuilniswagen

motor

motor

bahan api

benzine

stesen minyak

benzinestation

tanda trafik

verkeersbord

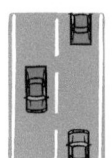

trafik

verkeer

kesesakan lalu lintas

file

tempat parkir

parkeerplaats

stesen kereta api

station

trek

sporen

kereta api

trein

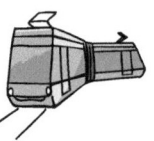

trem

tram

gerabak

wagon

pengangkutan - transport

9

helikopter
helikopter

lapangan terbang
luchthaven

Menara
toren

penumpang
passagier

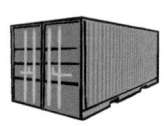

bekas
container

kadbod
karton

kart
kar

bakul
mand

berlepas / mendarat
opstijgen / landen

bandar
stad

kampung
dorp

pusat bandar
stadscentrum

rumah
huis

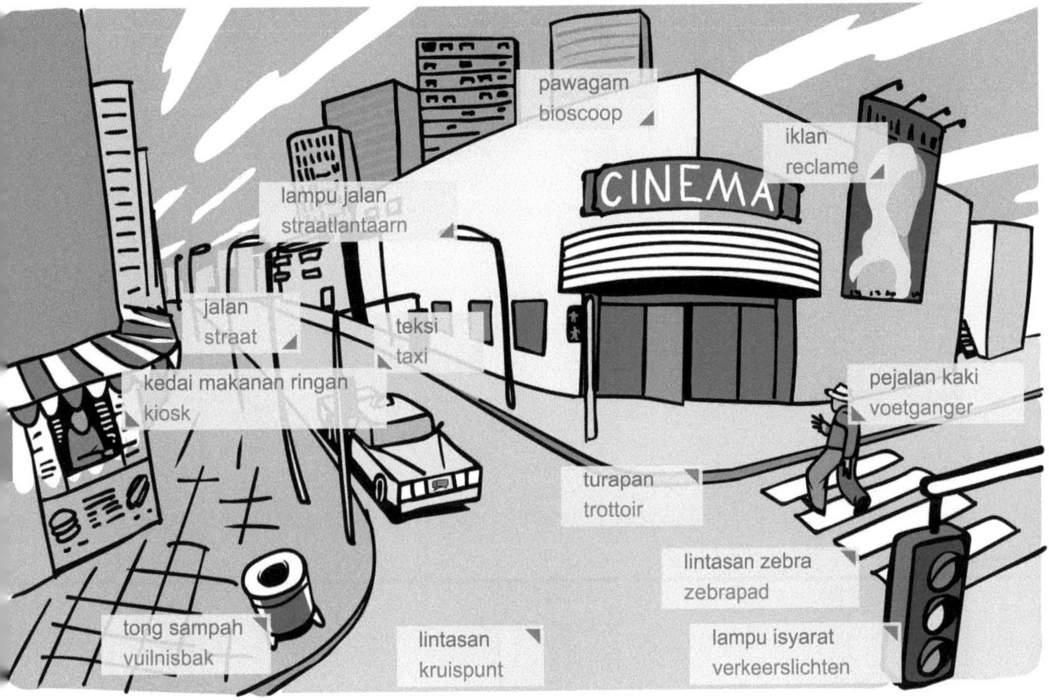
pawagam
bioscoop
iklan
reclame
lampu jalan
straatlantaarn
jalan
straat
teksi
taxi
kedai makanan ringan
kiosk
pejalan kaki
voetganger
turapan
trottoir
lintasan zebra
zebrapad
tong sampah
vuilnisbak
lintasan
kruispunt
lampu isyarat
verkeerslichten

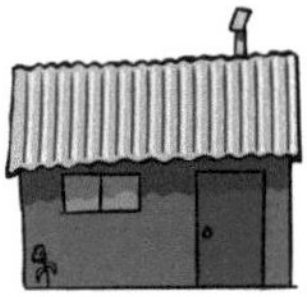

pondok

hut

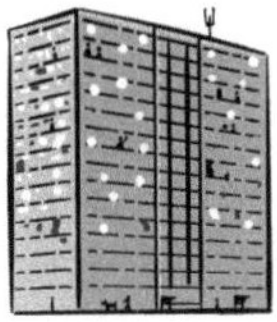

flat

woning

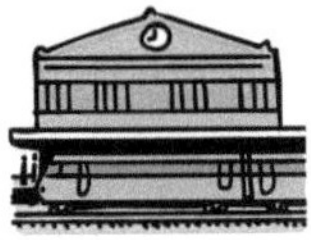

stesen kereta api

station

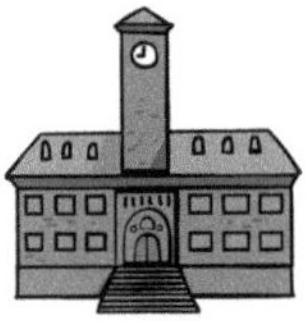

dewan bandar

stadshuis

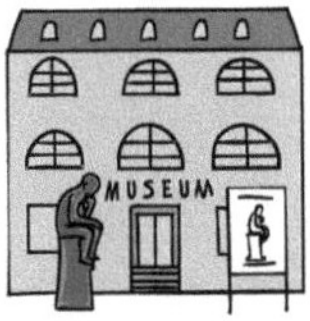

muzium

museum

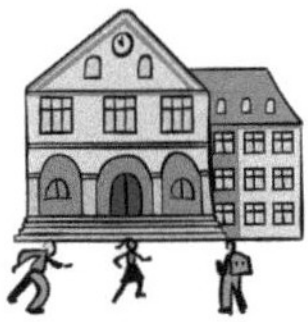

sekolah

school

universiti

universiteit

bank

bank

hospital

ziekenhuis

hotel

hotel

farmasi

apotheek

pejabat

kantoor

kedai buku

boekwinkel

kedai

winkel

kedai bunga

bloemenwinkel

pasar raya

supermarkt

pasaran

markt

gedung

warenhuis

penjual ikan

vishandelaar

pusat membeli-belah

winkelcentrum

pelabuhan

haven

taman

park

bangku

bank

jambatan

brug

tangga

trap

bawah tanah

metro

terowong

tunnel

hentian bas

bushalte

bar

bar

restoran

restaurant

peti surat

brievenbus

papan tanda jalan

straatnaambord

meter parkir

parkeermeter

zoo

zoo

kolam renang

zwembad

masjid

moskee

ladang
boerderij

pencemaran
milieuverontreiniging

tanah perkuburan
kerkhof

gereja
kerk

taman permainan
speelplaats

kuil
tempel

landskap
landschap

daun
blad

tiang tanda
wegwijzer

jalan
weg

padang rumput
weide

batu
steen

pejalan kaki
wandelaar

pokok
boom

sungai
rivier

rumput
gras

bunga
bloem

lembah

vallei

bukit

heuvel

tasik

meer

hutan

bos

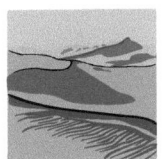

padang pasir

woestijn

gunung berapi

vulkaan

istana

kasteel

pelangi

regenboog

cendawan

paddenstoel

pokok kelapa sawit

palmboom

nyamuk

mug

terbang

vlieg

semut

mier

lebah

bijl

labah-labah

spin

kumbang

kever

katak

kikker

tupai

eekhoorn

landak

egel

arnab

haas

burung hantu

uil

burung

vogel

angsa

zwaan

babi jantan

wild zwijn

rusa

hert

moose

eland

empangan

dam

turbin angin

windturbine

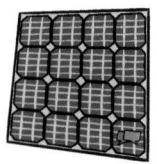

panel solar

zonnepaneel

iklim

klimaat

restoran
restaurant

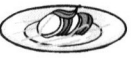

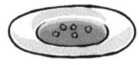

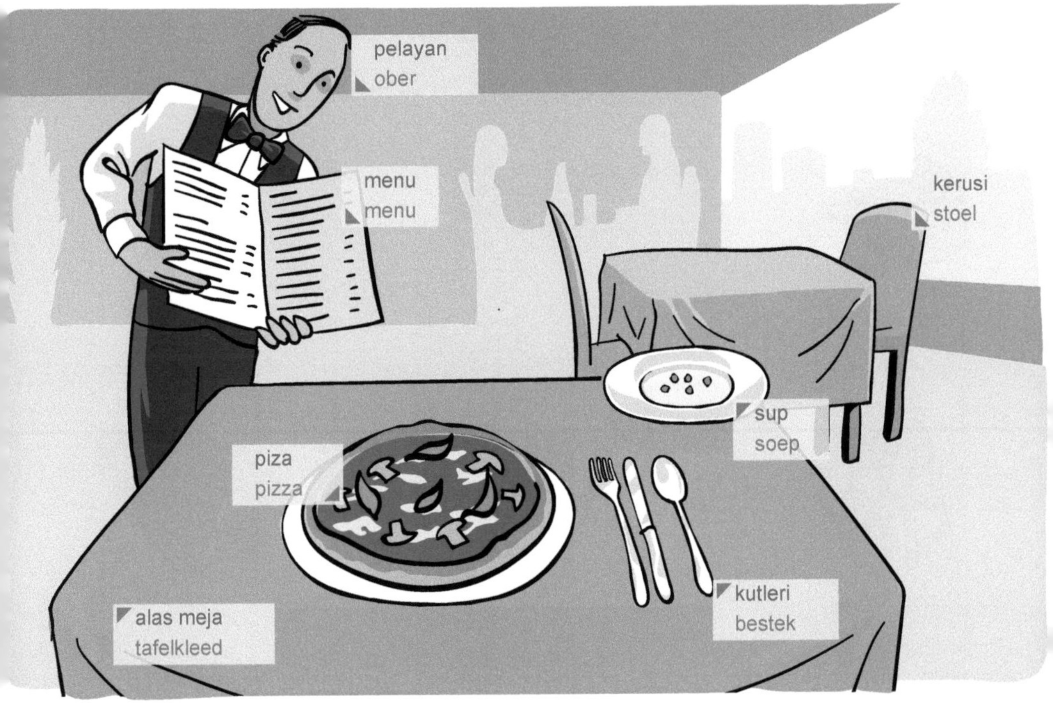

pelayan
ober
menu
menu
kerusi
stoel
sup
soep
piza
pizza
kutleri
bestek
alas meja
tafelkleed

pemula

voorgerecht

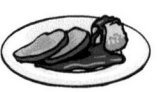

hidangan utama

hoofdgerecht

pencuci mulut

nagerecht

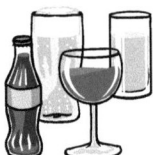

minuman

drankjes

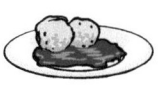

makanan

eten

botol

fles

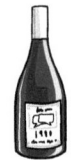

makanan segera

fastfood

makanan jalanan

street food

teko

theepot

mangkuk gula

suikerpot

bahagian

portie

mesin espreso

espressomachine

kerusi tinggi

kinderstoel

bil

rekening

dulang

dienblad

pisau

mes

garfu

vork

sudu

lepel

sudu teh

theelepel

serviette

serviette

gelas

glas

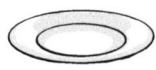

pinggan

bord

mangkuk sup

soepbord

piring

schoteltje

sos

saus

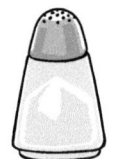

tempat garam

zoutvatje

pengisar lada

pepermolen

cuka

azijn

minyak

olie

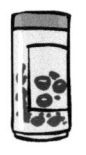

rempah

kruiden

sos

ketchup

mustard

mosterd

mayones

mayonaise

pasar raya
supermarkt

tawaran istimewa
aanbieding
FOR
pelanggan
klant
tenusu
zuivelproducten
buah-buahan
fruit
troli
winkelwagen

BUTCHERS

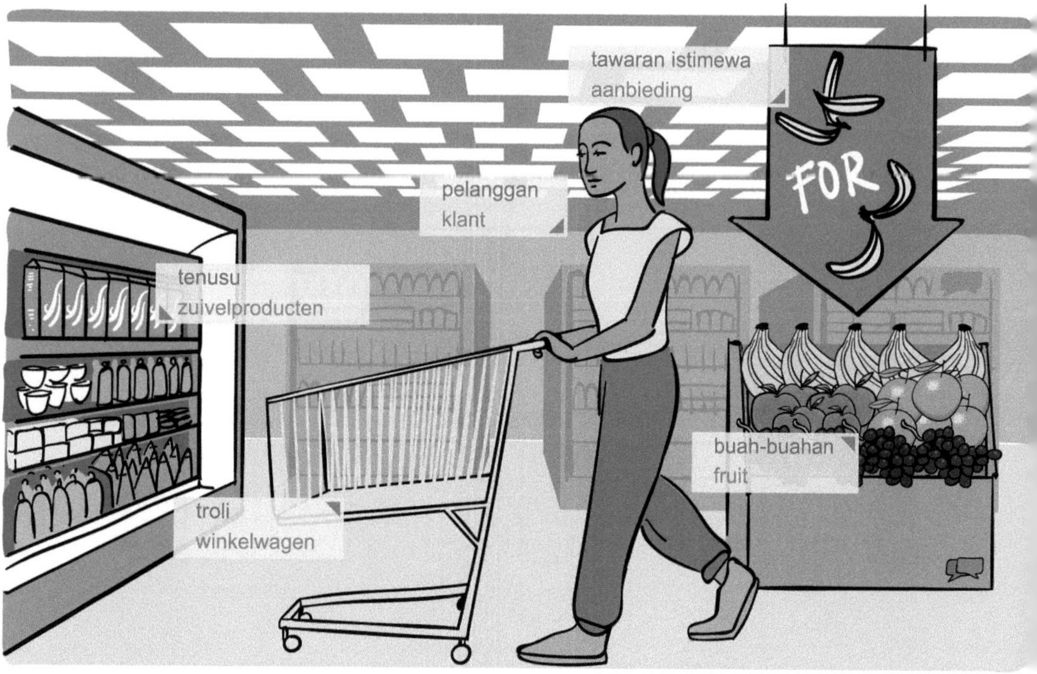

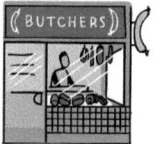

tukang daging

slagerij

BAKERY

kedai roti

bakkerij

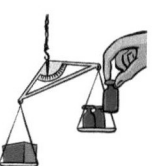

berat

wegen

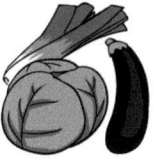

sayur-sayuran

groenten

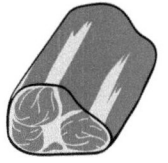

daging

vlees

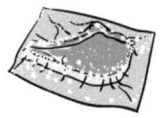

makanan sejuk beku

diepvriesvoedsel

daging sejuk

charcuterie

makanan dalam tin

conserven

serbuk pencuci

waspoeder

gula-gula

snoep

produk isi rumah

huishoudproducten

produk pembersihan

schoonmaakproducten

orang jualan

verkoopster

daftar tunai

kassa

juruwang

kassier

senarai membeli-belah

boodschappenlijstje

waktu pembukaan

openingstijden

beg duit

portefeuille

kad kredit

kredietkaart

beg

tas

beg plastik

plastieken zakje

minuman
drankjes

air
water

jus
sap

susu
melk

kola
cola

wain
wijn

bir
bier

alkohol
alcohol

koko
cacao

the
thee

kopi
koffie

espreso
espresso

kapucino
cappuccino

pisang

banaan

epal

appel

oren

sinaasappel

tembikai

meloen

lemon

citroen

lobak merah

wortel

bawang putih

knoflook

buluh

bamboe

bawang

ajuin

cendawan

champignon

kacang

noten

mi

noodles

spageti

spaghetti

nasi

rijst

salad

salade

kerepek

frieten

kentang goreng

gebakken aardappelen

piza

pizza

hamburger

hamburger

sandwic

sandwich

kutlet

kalfslapje

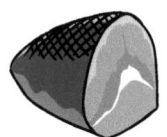

ham

ham

salami

salami

sosej

worst

ayam

kip

panggang

braden

ikan

vis

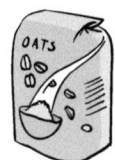

bubur oat

havervlokken

muesli

muesli

emping jagung

cornflakes

tepung

bloem

kroisan

croissant

roti roll

pistolet

roti

brood

roti bakar

toast

biskut

koekjes

mentega

boter

dadih

kwark

kek

taart

telur

ei

telur goreng

spiegelei

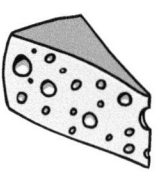

keju

kaas

ais krim

ijs

gula

suiker

madu

honing

jem

confituur

krim nougat

choco

kari

curry

ladang
boerderij

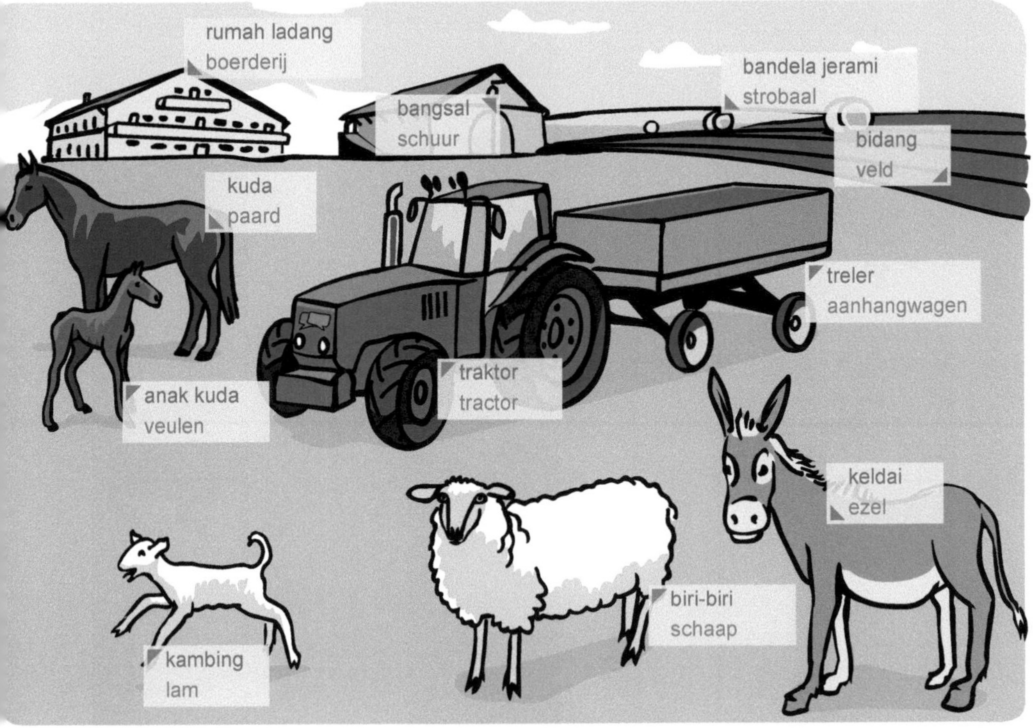
rumah ladang
boerderij
bandela jerami
strobaal
bangsal
schuur
bidang
veld
kuda
paard
treler
aanhangwagen
traktor
tractor
anak kuda
veulen
keldai
ezel
biri-biri
schaap
kambing
lam

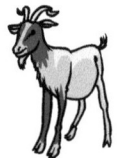

kambing

geit

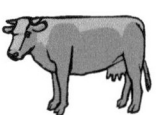

lembu

koe

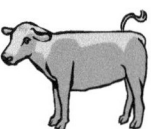

anak lembu

kalf

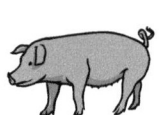

babi

varken

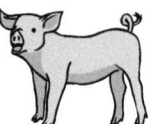

anak babi

biggetje

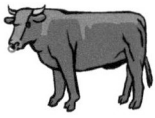

lembu

stier

angsa

gans

itik

eend

anak ayam

kuiken

ayam betina

kip

ayam jantan muda

haan

tikus

rat

kucing

kat

tikus

muis

lembu jantan

os

anjing

hond

rumah anjing

hondenhok

hos taman

tuinslang

bekas siraman

gieter

sabit

zeis

bajak

ploeg

sabit

sikkel

cangkul

schoffel

serampang peladang

hooivork

kapak

bijl

kereta sorong

kruiwagen

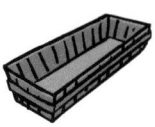

palung

trog

tin susu

melkkan

karung

zak

pagar

hek

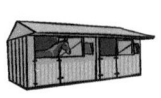

stabil

stal

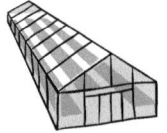

rumah hijau

broeikas

tanah

bodem

benih

zaad

baja

mest

jentuai

maaidorser

tuai
oogsten

menuai
oogst

keladi
yam

gandum
tarwe

soya
soja

kentang
aardappel

jagung
maïs

biji sawi
koolzaad

pokok buah-buahan
fruitboom

ubi kayu
maniok

bijirin
graan

rumah
huis

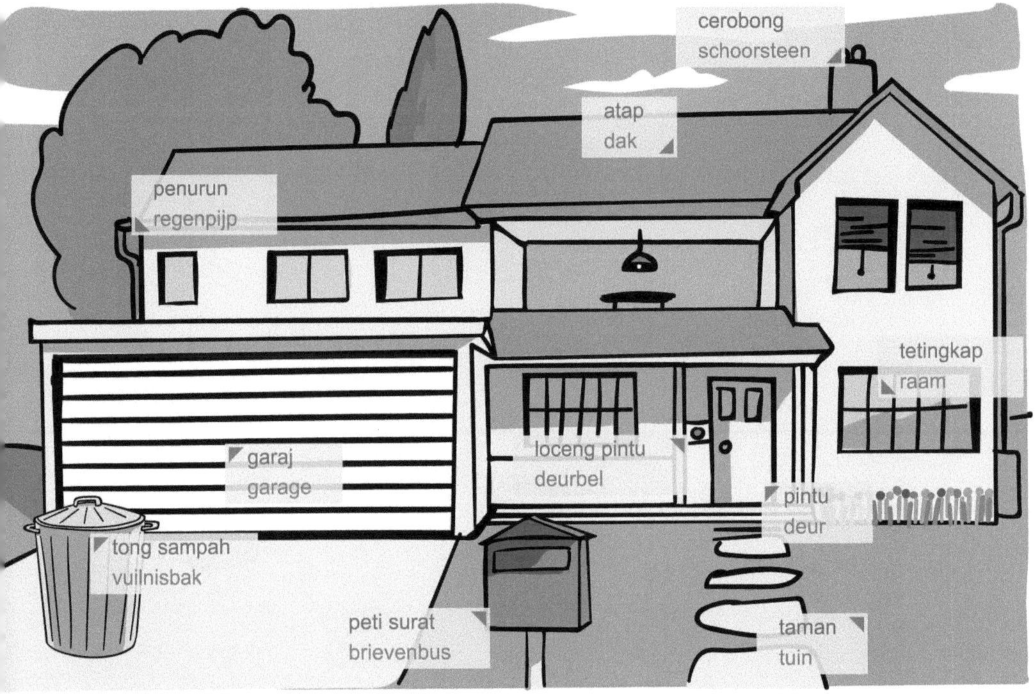

cerobong
schoorsteen
atap
dak
penurun
regenpijp
tetingkap
raam
garaj
garage
loceng pintu
deurbel
pintu
deur
tong sampah
vuilnisbak
peti surat
brievenbus
taman
tuin

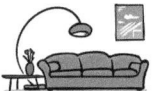

ruang tamu

woonkamer

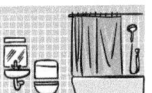

bilik air

badkamer

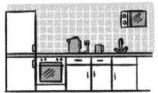

dapur

keuken

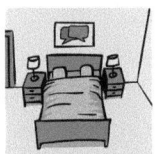

bilik tidur

slaapkamer

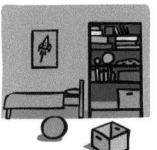

bilik kanak-kanak

kinderkamer

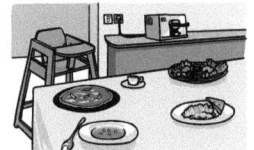

ruang makan

eetkamer

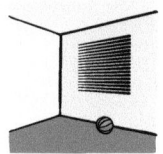

lantai

vloer

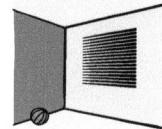

dinding

muur

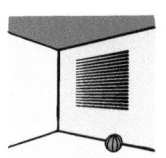

siling

plafond

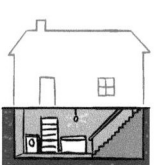

bilik bawah tanah

kelder

sauna

sauna

balkoni

balkon

teres

terras

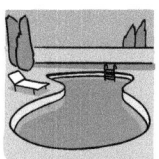

kolam renang

zwembad

pemotong rumput

grasmaaier

lembaran

dekbedovertrek

penutup tilam

dekbed

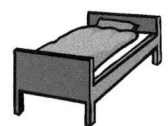

katil

bed

penyapu

bezem

timba

emmer

suis

schakelaar

ruang tamu

woonkamer

kertas dinding
behangpapier
gambar
foto
lampu
lamp
rak
schap
kabinet
kast
televisyen
televisie
pendiangan
open haard
bunga
bloem
kusyen
kussen
sofa
sofa
pasu
vaas
alat kawalan jauh
afstandsbediening

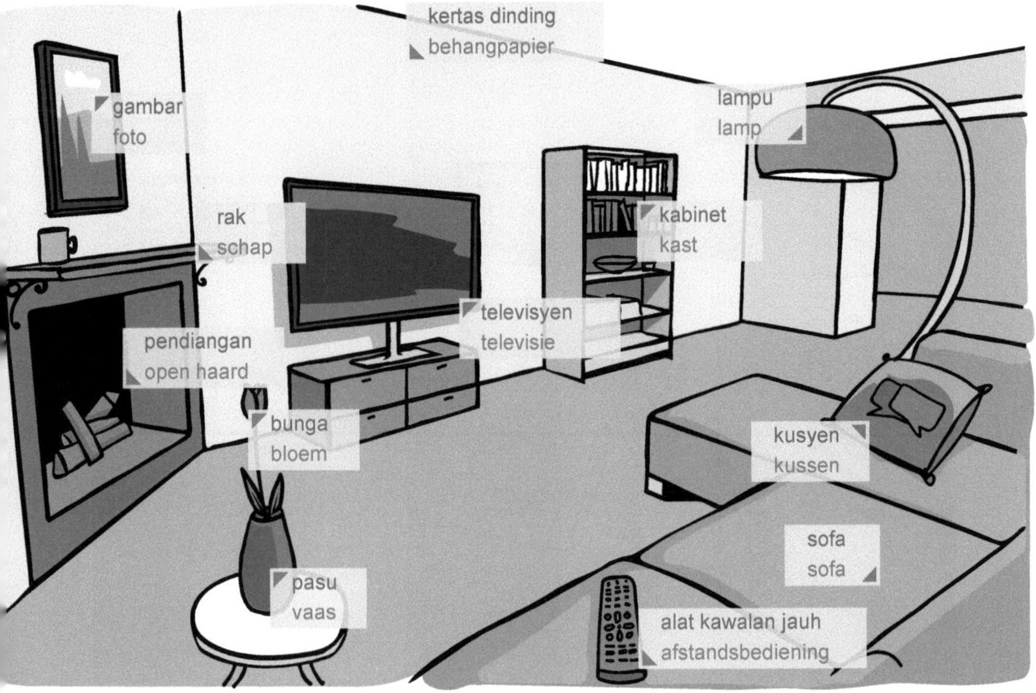

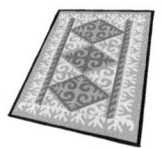

permaidani

mat

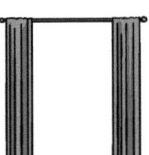

tirai

gordijn

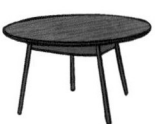

meja

tafel

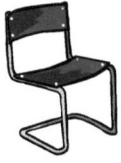

kerusi

stoel

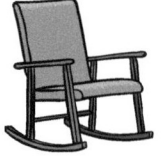

kerusi malas

schommelstoel

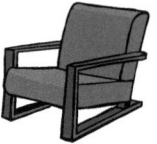

kerusi

fauteuil

buku

boek

selimut

deken

hiasan

decoratie

kayu api

brandhout

filem

film

hi-fi

stereo-installatie

kunci

sleutel

akhbar

krant

lukisan

schilderij

poster

poster

radio

radio

buku catatan

notitieboekje

penyedut habuk

stofzuiger

kaktus

cactus

lilin

kaars

dapur
keuken

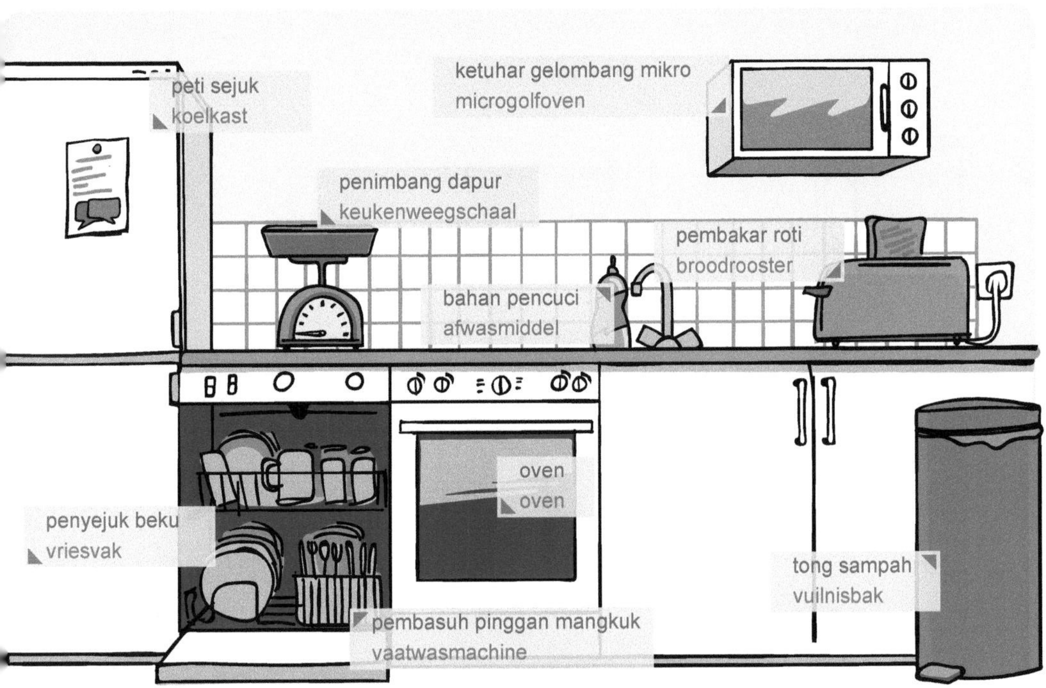

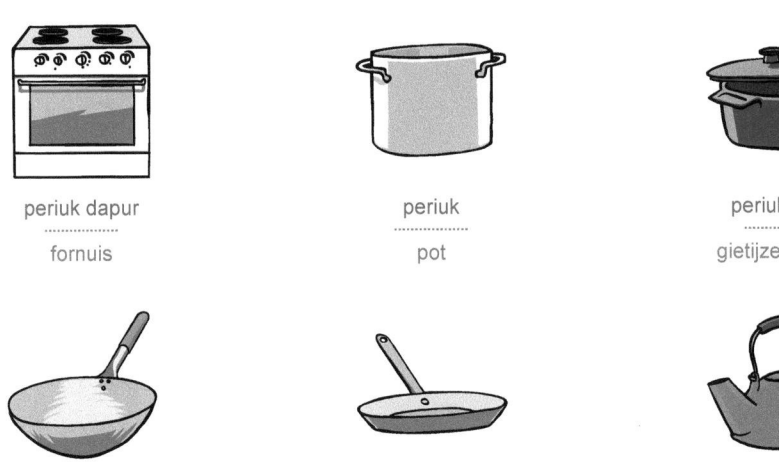

peti sejuk
koelkast
ketuhar gelombang mikro
microgolfoven
penimbang dapur
keukenweegschaal
pembakar roti
broodrooster
bahan pencuci
afwasmiddel
oven
oven
penyejuk beku
vriesvak
tong sampah
vuilnisbak
pembasuh pinggan mangkuk
vaatwasmachine

periuk dapur

fornuis

periuk

pot

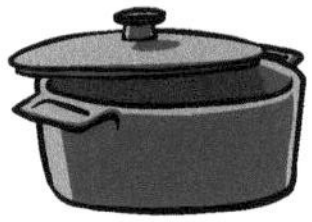

periuk besi

gietijzeren pot

kuali

wok / kadai

pan

pan

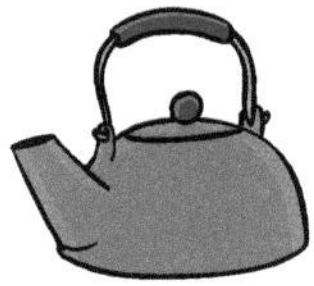

cerek

waterkoker

	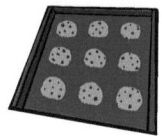	
pengukus	dulang pembakar	pinggan mangkuk
stoomkoker	bakplaat	servies

koleh	mangkuk	penyepit
mok	kom	eetstokjes

senduk	spatula	pengadun
pollepel	spatel	garde

penapis	ayak	pemarut
vergiet	zeef	rasp

mortar	barbeku	pembakaran terbuka
mortier	barbecue	haardvuur

papan pencincang

snijplank

pin golekan

deegrol

skru gabus

kurkentrekker

tin

blik

pembuka tin

blikopener

pemegang periuk

pannenlap

sinki

gootsteen

berus

borstel

span

spons

pengisar

blender

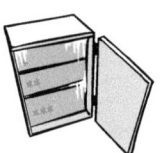

penyejuk beku

vriezer

botol bayi

papfles

paip

kraan

dapur - keuken

bilik air
badkamer

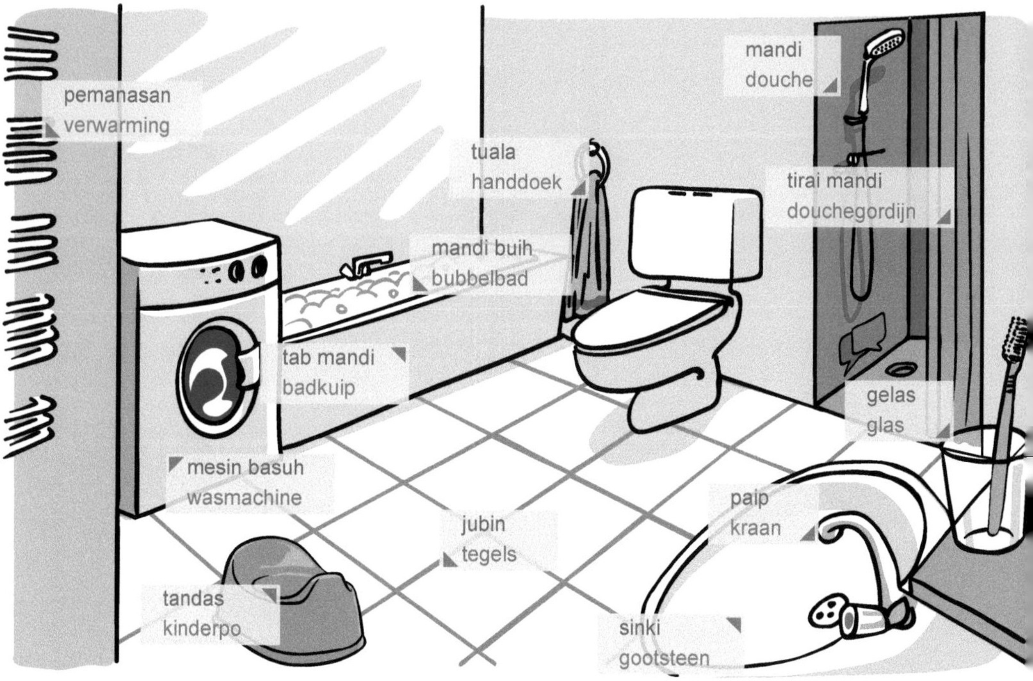

mandi
douche
pemanasan
verwarming
tuala
handdoek
tirai mandi
douchegordijn
mandi buih
bubbelbad
tab mandi
badkuip
gelas
glas
mesin basuh
wasmachine
paip
kraan
jubin
tegels
tandas
kinderpo
sinki
gootsteen

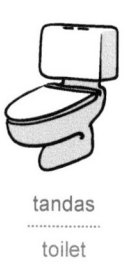

tandas
....
toilet

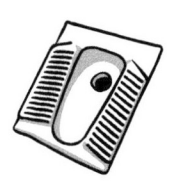

tandas mencangkung
....
hurktoilet

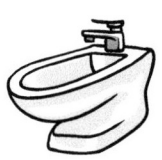

mangkuk tandas
....
bidet

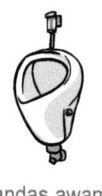

tandas awam
....
urinoir

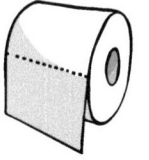

kertas tandas
....
toiletpapier

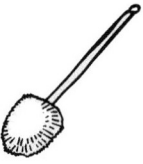

berus tandas
....
toiletborstel

berus gigi

tandenborstel

ubat gigi

tandpasta

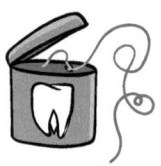

flos gigi

flosdraad

cuci

wassen

mandian tangan

handdouche

pancuran

bidethanddouche

besen

waskom

belakang berus

rugborstel

sabun

zeep

gel mandian

douchegel

syampu

shampoo

flanel

washandje

longkang

afvoer

krim

crème

deodoran

deodorant

cermin

spiegel

cermin tangan

handspiegel

pisau cukur

scheermes

busa cukur

scheerschuim

selepas cukur

aftershave

sikat

kam

berus

borstel

pengering rambut

haardroger

semburan rambut

haarlak

mekap

make-up

gincu

lippenstift

varnis kuku

nagellak

bulu kapas

watten

gunting kuku

nagelknipper

pewangi

parfum

beg basuhan
toilettas

bangku
kruk

skala berat
weegschaal

jubah mandi
badjas

sarung tangan getah
latex handschoenen

kapas
tampon

tuala wanita
maandverband

tandas kimia
chemisch toilet

bilik kanak-kanak
kinderkamer

jam loceng
wekker
mainan kegemaran
knuffel
kereta mainan
speelgoedauto
kerincing bayi
rammelaar
rumah anak patung
poppenhuis
hadiah
geschenk

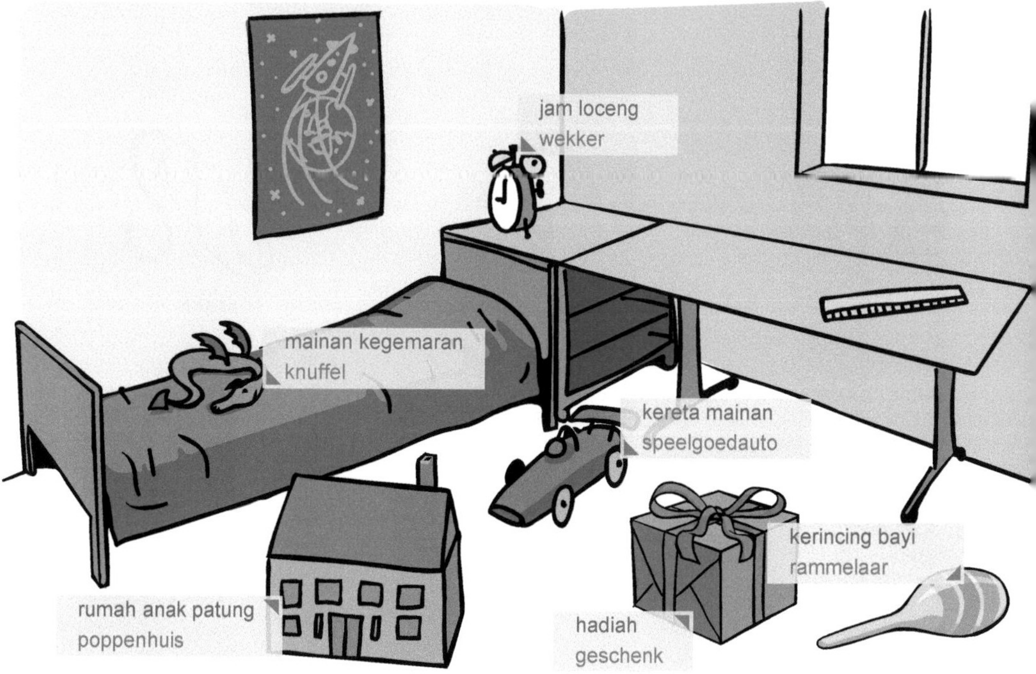

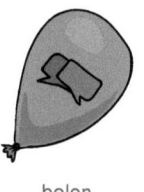

belon

ballon

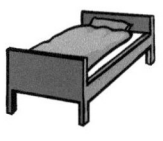

katil

bed

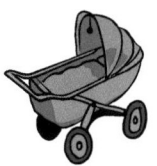

kereta sorong bayi

kinderwagen

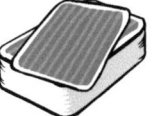

set kad

spel kaarten

susun suai gambar

puzzel

SUPER MEGA

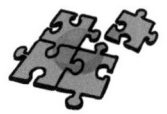

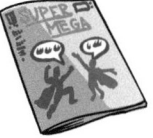

komik

stripboek

batu bata lego

legoblokjes

blok mainan

blokken

figura aksi

actiefiguur

baju bayi

kruippakje

frisbee

frisbee

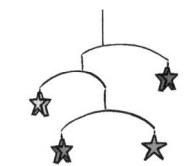

mainan bayi mudah alih

mobiel

permainan papan

bordspel

dadu

dobbelsteen

set model kereta api

modelspoorweg

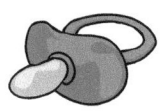

palsu

fopspeen

parti

feest

buku bergambar

prentenboek

bola

bal

anak patung

pop

main

spelen

lubang pasir
zandbak

buai
schommel

mainan
speelgoed

konsol permainan video
spelconsole

basikal roda tiga
driewieler

anak patung beruang
knuffelbeer

almari pakaian
kleerkast

pakaian
kleding

stoking
sokken

stoking
kousen

ketat
maillot

skarf
sjaal

.../keselamatan

payung
paraplu

kemeja-t
T-shirt

but
laarzen

selipar
slippers

kasut sukan
sneakers

sandal
·············
sandalen

kasut
·············
schoenen

but getah
·············
rubberlaarzen

seluar dalam
·············
onderbroek

coli
·············
beha

ves
·············
onderhemd

pakaian - kleding   45

badan

lichaam

Seluar panjang

broek

jean

jeans

skirt

rok

blaus

blouse

kemeja

hemd

baju panas sarung

trui

sweater

capuchontrui

blazer

blazer

jaket

jas

kot

jas

baju hujan

regenjas

kostum

kostuum

pakaian

jurk

baju pengantin

trouwjurk

sut
pak

baju tidur
nachthemd

baju tidur
pyjama

sari
sari

skarf kepala
hoofddoek

serban
tulband

burqa
boerka

kaftan
kaftan

abaya/jubah
abaya

baju renang
badpak

seluar renang
zwembroek

seluar pendek
short

sut balapan
trainingspak

apron
schort

sarung tangan
handschoenen

butang

knoop

cermin mata

bril

gelang tangan

armband

rantai leher

ketting

cincin

ring

subang

oorbel

topi

pet

penyangkut kot

kapstok

topi

hoed

tali leher

das

zip

rits

topi keledar

helm

pendakap

bretellen

uniform sekolah

schooluniform

seragam

uniform

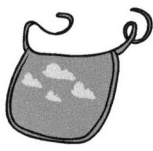

lapik dada

slabbetje

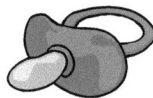

palsu

fopspeen

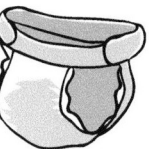

lampin

luier

pejabat

kantoor

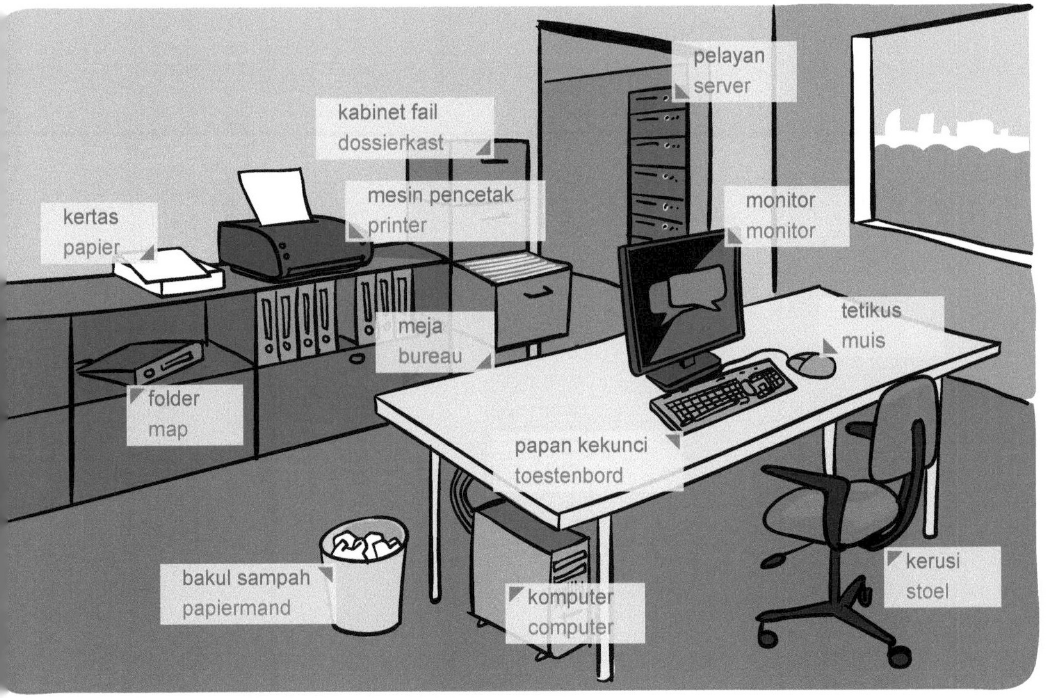
pelayan
server
kabinet fail
dossierkast
mesin pencetak
printer
kertas
papier
monitor
monitor
tetikus
muis
meja
bureau
folder
map
papan kekunci
toestenbord
bakul sampah
papiermand
komputer
computer
kerusi
stoel

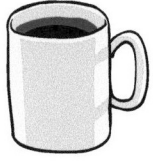

cawan kopi

koffiemok

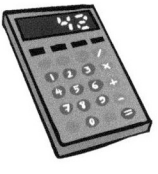

kalkulator

rekenmachine

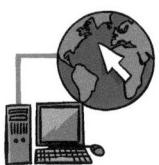

internet

internet

komputer riba
....
laptop

surat
....
brief

mesej
....
bericht

mudah alih
....
gsm

rangkaian
....
netwerk

mesin fotokopi
....
kopieerapparaat

perisian
....
software

telefon
....
telefoon

soket plag
....
stopcontact

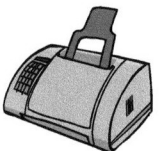

mesin faks
....
fax

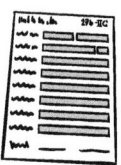

bentuk
....
formulier

dokumen
....
document

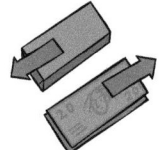

beli

kopen

bayar

betalen

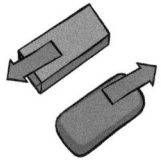

berdagang

handelen

wang

geld

dolar

dollar

euro

euro

yen

yen

rubel

roebel

franc swiss

Zwitserse frank

renminbi yuan

Chinese renminbi

rupee

roepie

mata tunai

geldautomaat

pejabat tukaran mata wang

wisselkantoor

emas

goud

perak

zilver

minyak

olie

tenaga

energie

harga

prijs

kontrak

contract

cukai

belasting

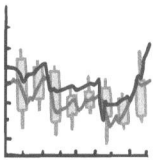

stok

aandeel

kerja

werken

pekerja

werknemer

majikan

werkgever

kilang

fabriek

kedai

winkel

pekerjaan
beroepen

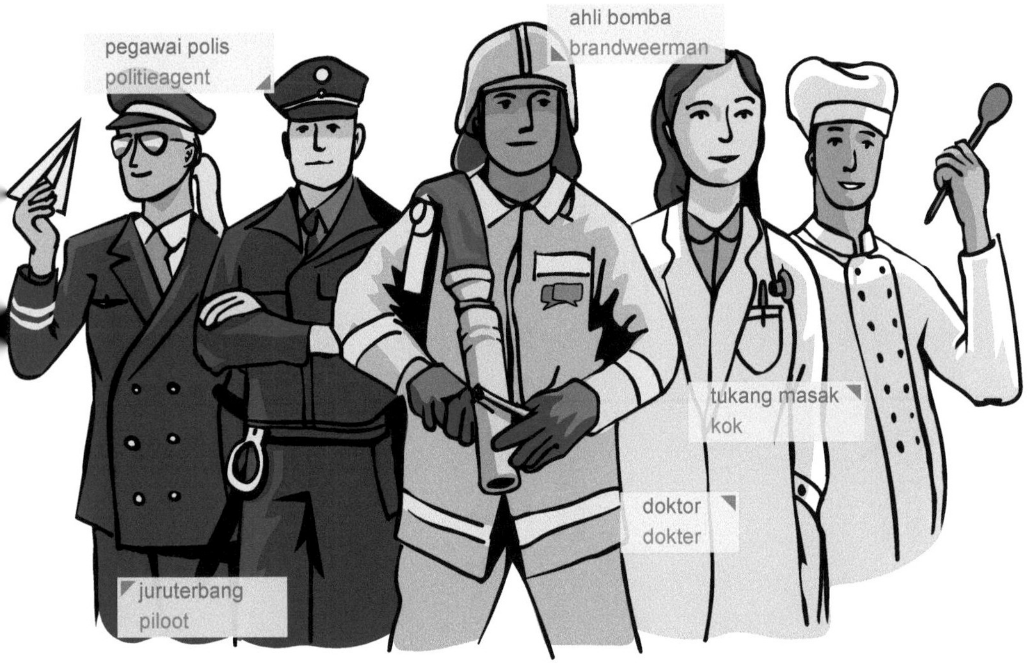
pegawai polis
politieagent
ahli bomba
brandweerman
tukang masak
kok
doktor
dokter
juruterbang
piloot

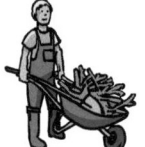

tukang kebun

tuinman

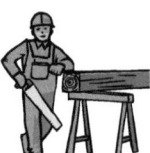

tukang kayu

timmerman

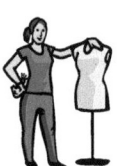

tukang jahit

naaister

hakim

rechter

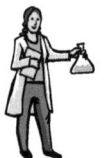

ahli kimia

chemicus

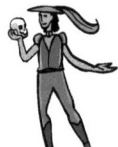

pelakon

acteur

pemandu bas

buschauffeur

pemandu teksi

taxichauffeur

nelayan

visser

wanita pencuci

schoonmaakster

kasau

dakdekker

pelayan

ober

pemburu

jager

pelukis

schilder

bakeri

bakker

juruelektrik

elektricien

pembangun

bouwvakker

jurutera

ingenieur

penjual daging

slager

tukang paip

loodgieter

posmen

postbode

askar
soldaat

arkitek
architect

juruwang
kassier

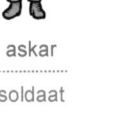

kedai bunga
bloemist

pendandan rambut
kapper

konduktor
conducteur

mekanik
mecanicien

kapten
kapitein

doktor gigi
tandarts

ahli sains
wetenschapper

tuhanku
rabbijn

imam
imam

sami
monnik

paderi
geestelijke

alat
werktuigen

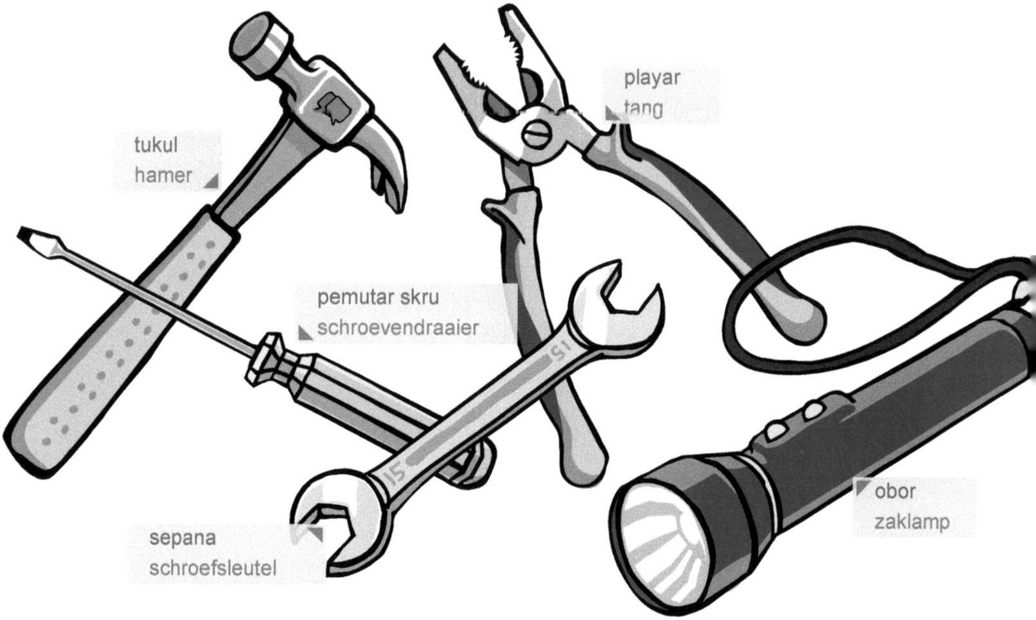

tukul
hamer
playar
tang
pemutar skru
schroevendraaier
sepana
schroefsleutel
obor
zaklamp

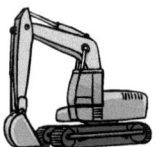

pengorek

graafmachine

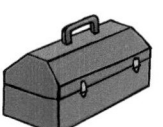

kotak peralatan

gereedschapskoffer

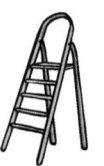

tangga

ladder

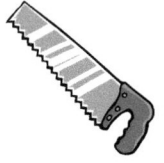

gergaji

zaag

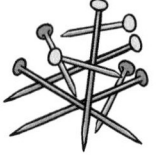

kuku

spijkers

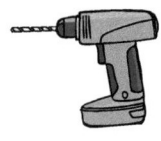

gerudi

boormachine

baiki
....
repareren

penyodok
....
schop

Celaka!
....
Verdomme!

penadah sampah
....
blik

periuk cat
....
verfpot

skru
....
schroeven

alat muzik
muziekinstrumenten

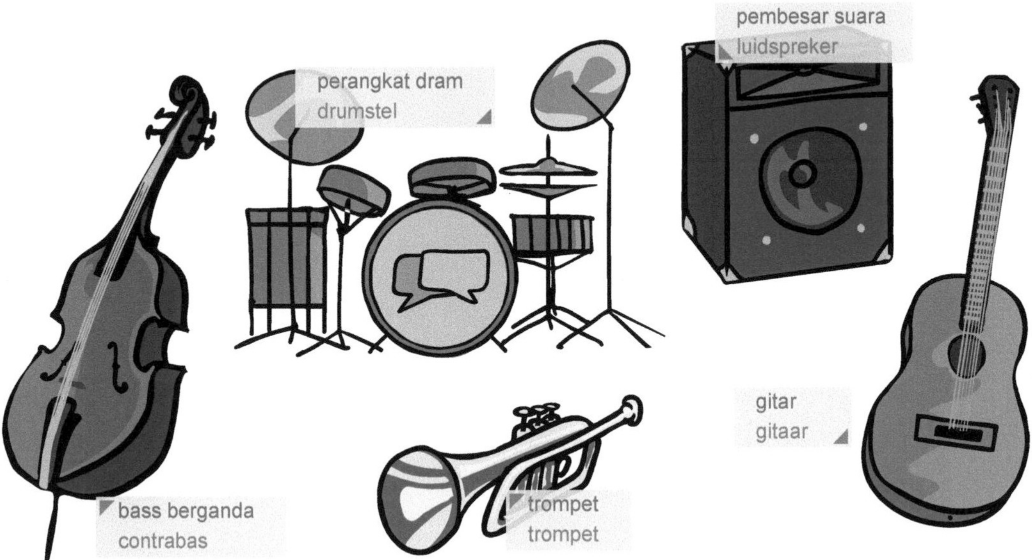

perangkat dram
drumstel

pembesar suara
luidspreker

gitar
gitaar

bass berganda
contrabas

trompet
trompet

piano

piano

biola

viool

bass

basgitaar

timpani

pauk

dram

trommels

papan kekunci

keyboard

saksofon

saxofoon

seruling

fluit

mikrofon

microfoon

ZOO

ZOO

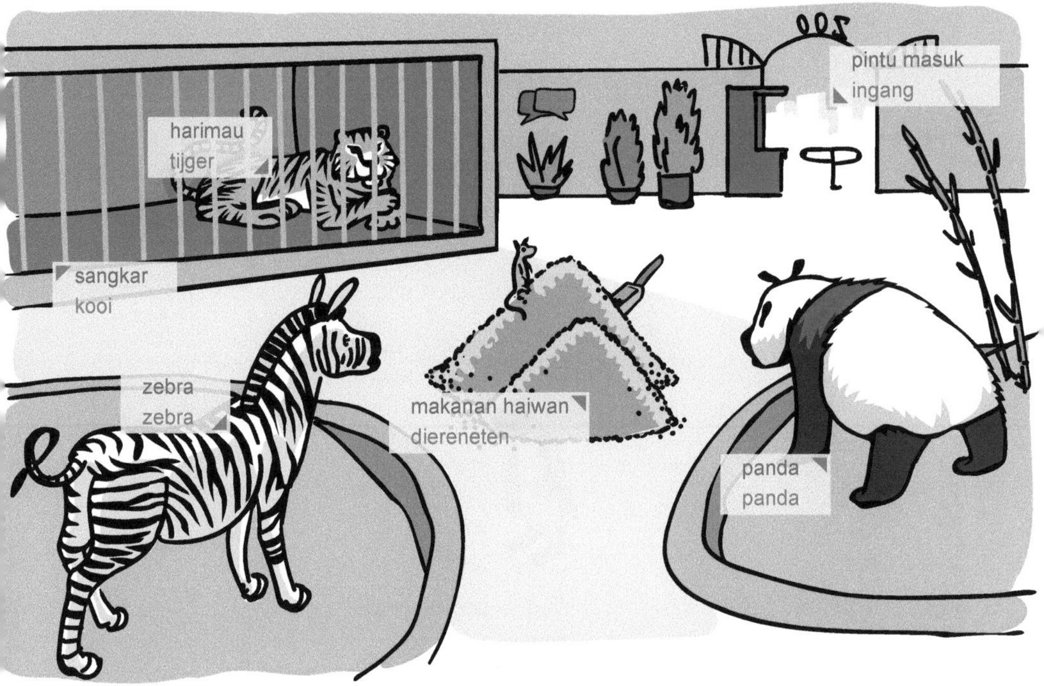

zoo
pintu masuk
ingang
harimau
tijger
sangkar
kooi
zebra
zebra
makanan haiwan
dierenten
panda
panda

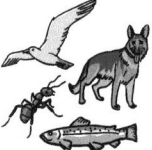

haiwan

dieren

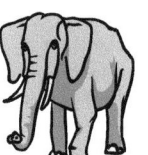

gajah

olifant

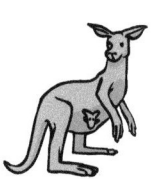

kanggaru

kangoeroe

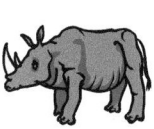

badak sumbu

neushoorn

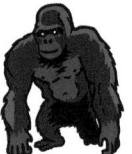

gorila

gorilla

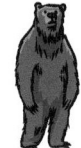

beruang

beer

unta

kameel

burung unta

struisvogel

singa

leeuw

monyet

aap

flamingo

flamingo

nuri

papegaai

beruang kutub

ijsbeer

penguin

pinguïn

yu

haai

merak

pauw

ular

slang

buaya

krokodil

penjaga zoo

dierenverzorger

anjing laut

zeehond

jaguar

jaguar

kuda

pony

harimau

luipaard

badak air

nijlpaard

zirafah

giraffe

helang

adelaar

babi jantan

wild zwijn

ikan

vis

penyu

zeeschildpad

anjing laut

walrus

musang

vos

rusa

gazelle

sukan
sporten

bola sepak Amerika
rugby

berbasikal
wielrennen

tenis
tennis

bola keranjang
basketbal

renang
zwemmen

tinju
boksen

hoki ais
ijshockey

| bola sepak | badminton | olahraga |
| voetbal | badminton | atletiek |

| bola baling | ski | polo |
| handbal | skiën | polo |

aktiviti
activiteiten

ketawa
lachen
lompat
springen
peluk
knuffelen
berjalan
wandelen
menyanyi
zingen
mimpi
dromen
berdoa
bidden
cium
kussen

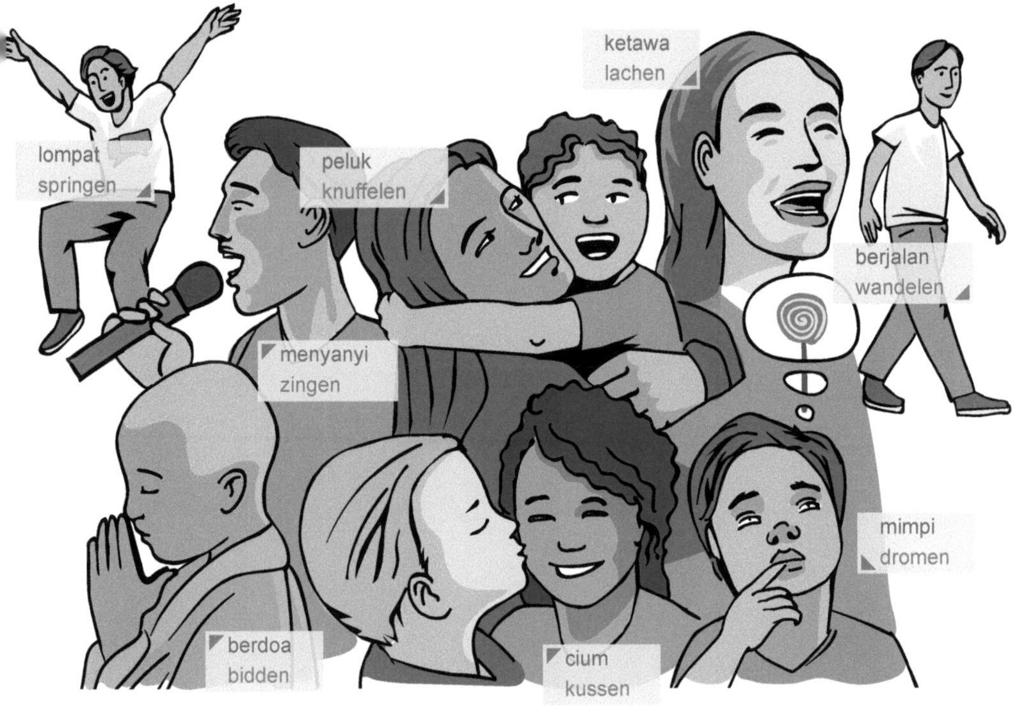

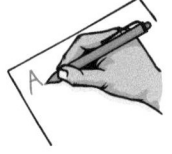

tulis

schrijven

lukis

tekenen

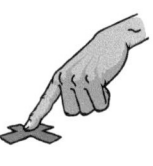

tunjuk

tonen

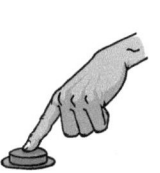

tolak

duwen

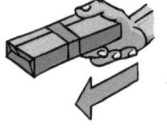

beri

geven

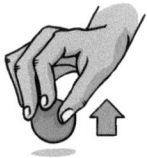

ambil

nemen

ada
hebben

buat
doen

ialah
zijn

berdiri
staan

lari
lopen

tarik
trekken

buang
gooien

jatuh
vallen

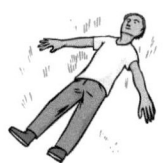

tipu
liggen

tunggu
wachten

bawa
dragen

duduk
zitten

pakai
aankleden

tidur
slapen

bangkit
ontwaken

lihat pada

kijken naar

menangis

wenen

strok

aaien

sikat

kammen

cakap

praten

faham

begrijpen

tanya

vragen

dengar

luisteren

minum

drinken

makan

eten

mengemas

opruimen

sayang

houden van

masak

koken

pandu

rijden

terbang

vliegen

belayar

zeilen

kira

rekenen

baca

Lezen

belajar

leren

kerja

werken

nikah

trouwen

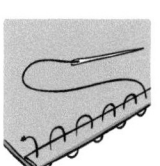

jahit

naaien

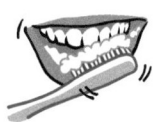

memberus gigi

tandenpoetsen

bunuh

doden

asap

roken

hantar

sturen

keluarga
familie

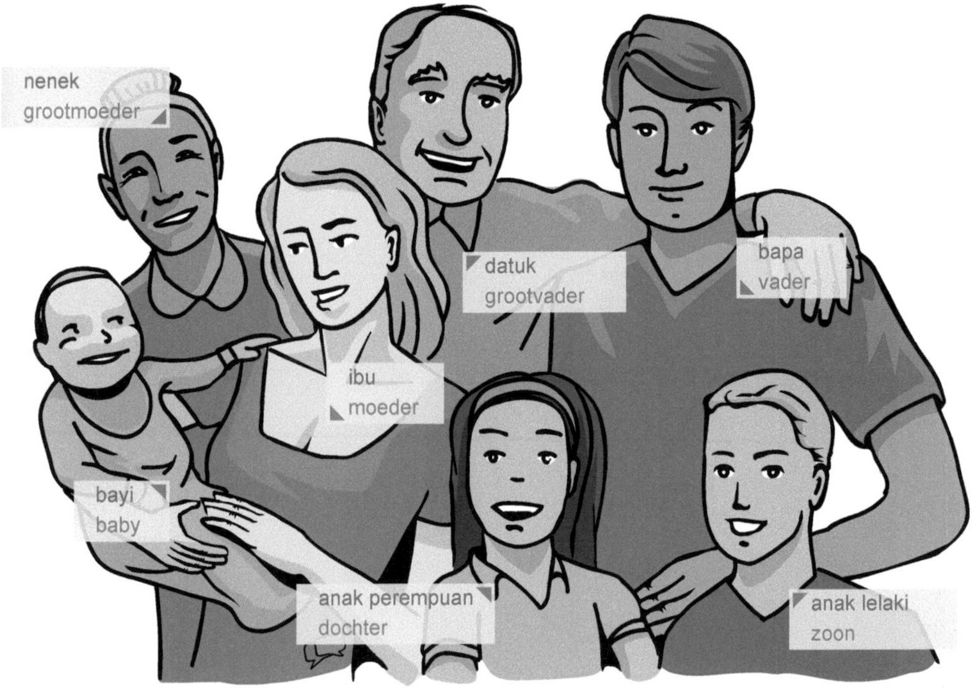
nenek
grootmoeder
datuk
grootvader
bapa
vader
ibu
moeder
bayi
baby
anak perempuan
dochter
anak lelaki
zoon

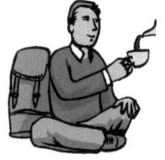

tetamu

gast

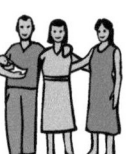

mak cik

tante

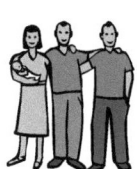

pak cik

oom

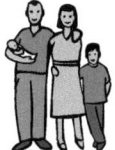

abang

broer

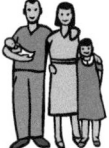

kakak

zus

badan
lichaam

dahi
voorhoofd
mata
oog
bahu
schouder
jari
vinger
muka
gezicht
dagu
kin
tangan
hand
kaki
been
dada
borst
lengan
arm

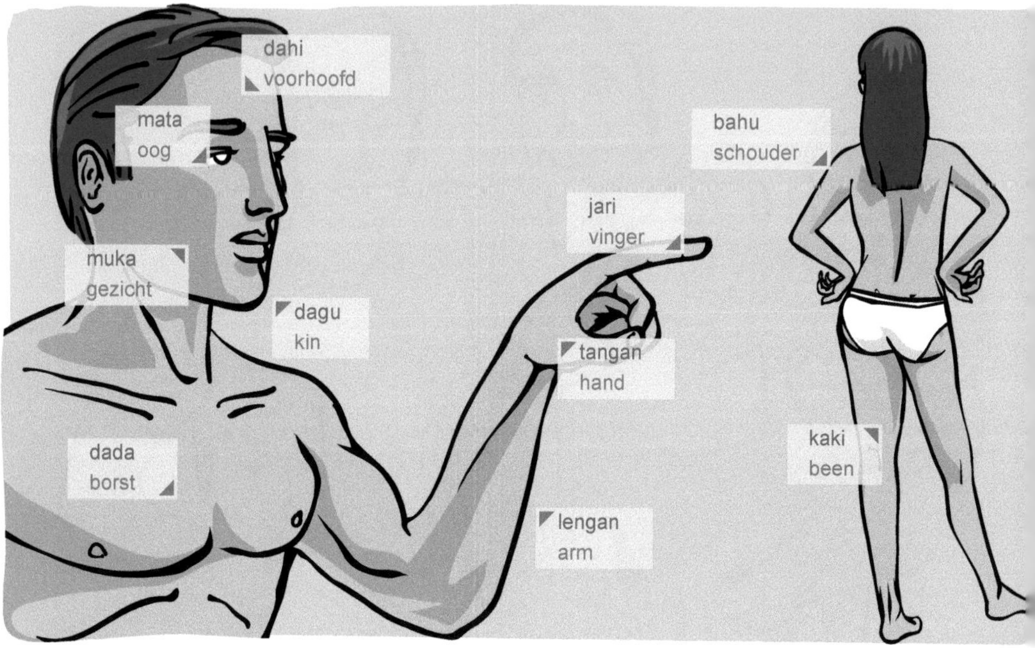

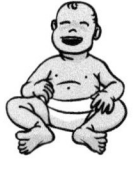

bayi
baby

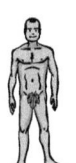

lelaki
man

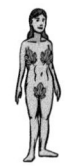

wanita
vrouw

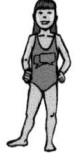

perempuan
meisje

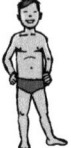

lelaki
jongen

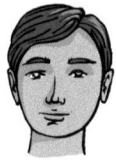

kepala
hoofd

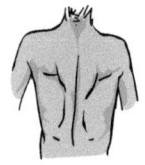

belakang
rug

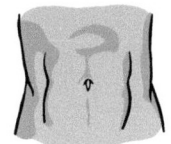

bawah perut
buik

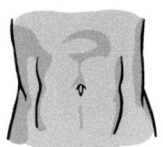

pusat
navel

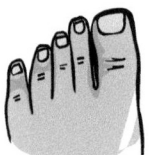

jari kaki
teen

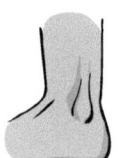

tumit
hiel

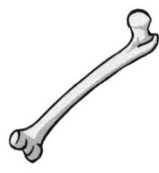

tulang
bot

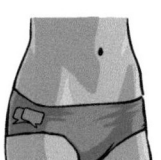

pinggul
heup

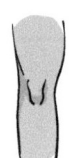

lutut
knie

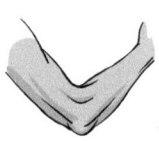

siku
elleboog

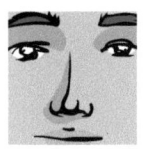

hidung
neus

bawah
zitvlak

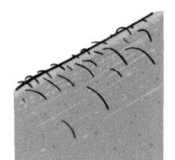

kulit
huid

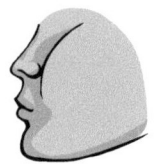

pipi
wang

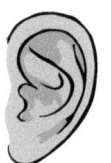

telinga
oor

bibir
lip

mulut

mond

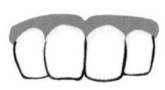

gigi

tand

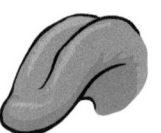

lidah

tong

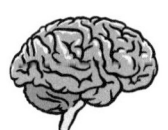

otak

hersenen

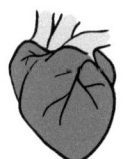

hati

hart

otot

spier

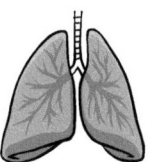

paru-paru

long

hati

lever

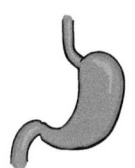

perut

maag

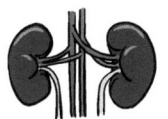

buah pinggang

nieren

seks

seks

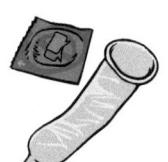

kondom

condoom

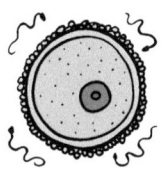

faraj

eicel

mani

sperma

mengandung

zwangerschap

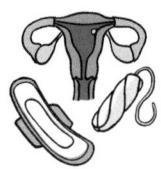

haid

menstruatie

faraj

vagina

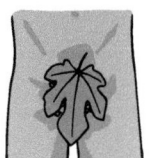

penis

penis

kening

wenkbrauw

rambut

haar

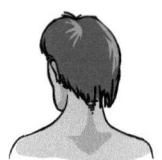

leher

nek

hospital
ziekenhuis

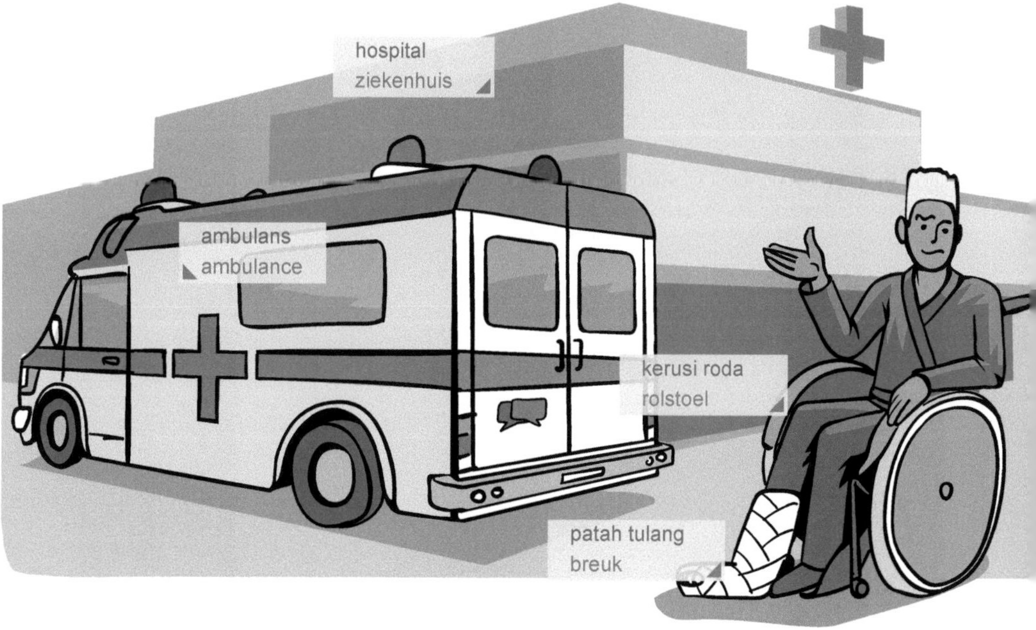

hospital
ziekenhuis
ambulans
ambulance
kerusi roda
rolstoel
patah tulang
breuk

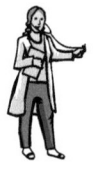

doktor

dokter

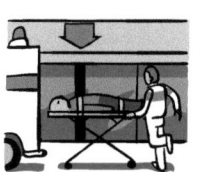

bilik kecemasan

spoed

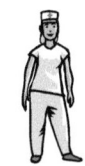

jururawat

verpleegkundige

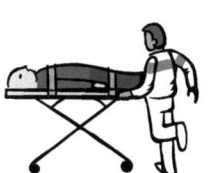

kecemasan

noodgeval

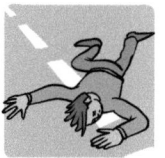

tak sedar

bewusteloos

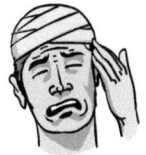

sakit

pijn

kecederaan

verwonding

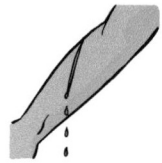

pendarahan

bloeding

serangan jantung

hartaanval

strok

beroerte

alergi

allergie

batuk

hoest

demam

koorts

selesema

griep

cirit-birit

diarree

sakit kepala

hoofdpijn

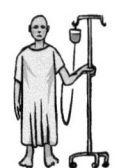

kanser

kanker

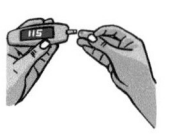

diabetes

diabetes

pakar bedah

chirurg

pisau bedah

scalpel

pembedahan

operatie

CT

CT

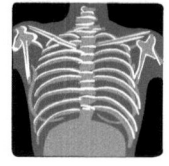

x-ray

röntgenstraal

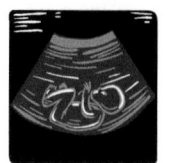

ultrabunyi

ultrageluid

topeng muka

gezichtsmasker

penyakit

ziekte

bilik menunggu

wachtkamer

penongkat

kruk

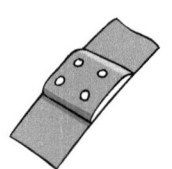

plaster

pleister

pembalut

verband

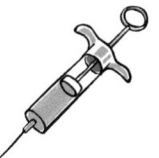

suntikan

injectie

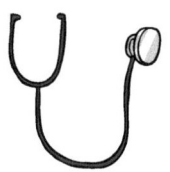

stetoskop

stethoscoop

pengusung

brancard

termometer klinik

thermometer

kelahiran

geboorte

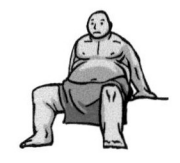

berat badan berlebihan

overgewicht

alat pendengaran

hoorapparaat

disinfektan

ontsmettingsmiddel

jangkitan

infectie

virus

virus

HIV / AIDS

HIV / AIDS

perubatan

medicijn

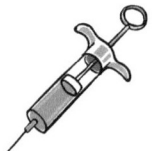

vaksinasi

vaccinatie

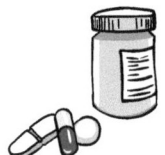

tablet

tabletten

pil

pil

panggilan kecemasan

noodoproep

pantau tekanan darah

bloeddrukmeter

sakit / sihat

ziek / gezond

Tolong!

Help!

penggera

alarm

serang

overval

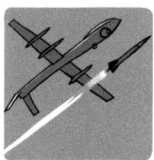

serangan

aanval

bahaya

gevaar

pintu kecemasan

nooduitgang

Api!

Brand!

alat pemadam api

brandblusser

kemalangan

ongeval

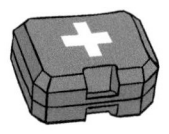

alat pertolongan cemas

EHBO-kit

SOS

SOS

polis

politie

Eropah

Europa

Amerika Utara

Noord-Amerika

Amerika Selatan

Zuid-Amerika

Afrika

Afrika

Asia

Azië

Australia

Australië

Atlantic

Atlantische Oceaan

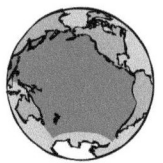

Pasifik

Stille Oceaan

Lautan Hindi

Indische Oceaan

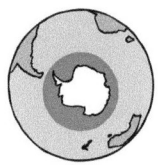

Lautan Antartik

Antarctische Oceaan

Lautan Artik

Arctische Oceaan

Kutub utara

Noordpool

Kutub Selatan

Zuidpool

Antartika

Antarctica

bumi

aarde

tanah

land

laut

zee

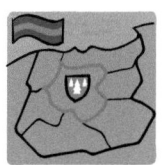

pulau

eiland

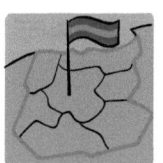

negara

natie

negeri

staat

muka jam

wijzerplaat

tangan jam

uurwijzer

tangan minit

minuutwijzer

terpakai

secondewijzer

Jam berapa sekarang

Hoe laat is het?

hari

dag

masa

tijd

sekarang

nu

jam digital

digitale horloge

minit

minuut

jam

uur

minggu
week

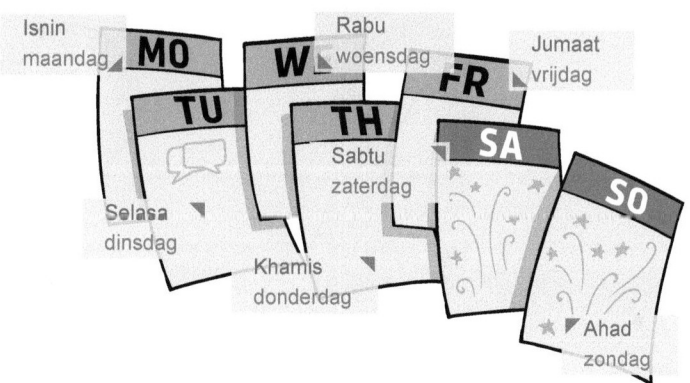

Isnin / maandag — MO
Rabu / woensdag — WE
Jumaat / vrijdag — FR
Selasa / dinsdag — TU
Khamis / donderdag — TH
Sabtu / zaterdag — SA
Ahad / zondag — SO

semalam
gisteren

hari ini
vandaag

esok
morgen

pagi
ochtend

tengah hari
middag

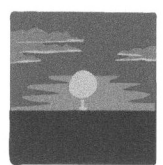

petang
avond

MO	TU	WE	TH	FR	SA	SU
1	2	3	4	5	6	7
8	9	10	11	12	13	14
15	16	17	18	19	20	21
23	24	25	26	27	28	
29	30	31	1	2	3	4

hari kerja
werkdagen

MO	TU	WE	TH	FR	SA	SU
1	2	3	4	5	6	7
8	9	10	11	12	13	14
15	16	17	18	19	20	21
22	23	24	25	26	27	28
29	30	31	1	2	3	4

hari minggu
weekend

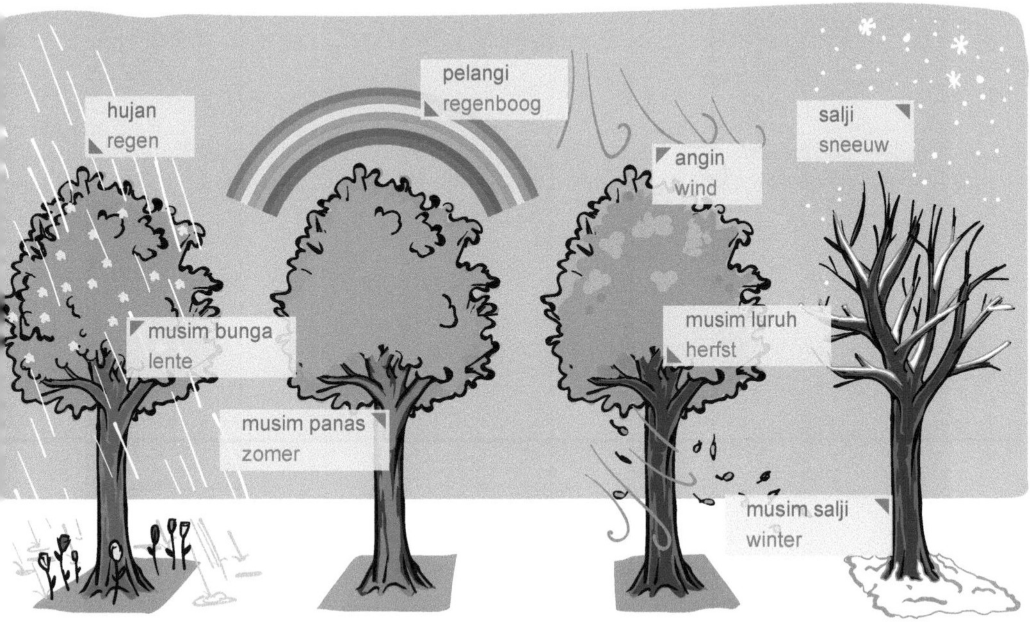

hujan
regen
pelangi
regenboog
angin
wind
salji
sneeuw
musim bunga
lente
musim panas
zomer
musim luruh
herfst
musim salji
winter

4.APRIL 11°
5.APRIL 4°
6.APRIL 13°
7.APRIL 8°
8.APRIL 10°

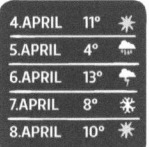

ramalan cuaca

weervoorspelling

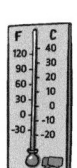

termometer

thermometer

sinar matahari

zonneschijn

awan

wolk

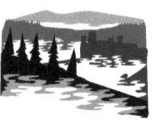

kabus

mist

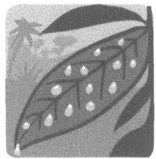

lembapan

vochtigheid

kilat

bliksem

petir

donder

ribut

storm

hujan batu

hagel

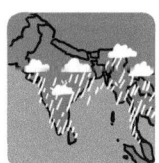

monsun

moesson

banjir

overstroming

ais

ijs

Januari

januari

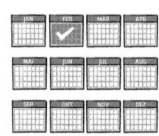

Februari

februari

Mac

maart

April

april

Mei

mei

Jun

juni

Julai

juli

Ogos

augustus

tahun - jaar

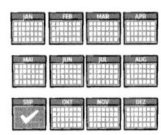

September
....
september

Oktober
....
oktober

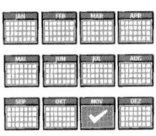

November
....
november

Disember
....
december

bentuk

vormen

bulatan
....
cirkel

petak
....
kwadraat

segi empat tepat
....
rechthoek

segitiga
....
driehoek

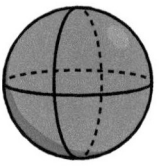

sfera
....
bol

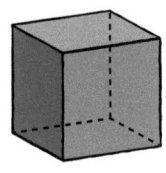

kiub
....
kubus

putih

wit

kuning

geel

oren

oranje

merah jambu

roze

merah

rood

ungu

paars

biru

blauw

hijau

groen

coklat

bruin

kelabu

grijs

hitam

zwart

banyak / sedikit

veel / weinig

marah / tenang

boos / kalm

cantik / hodoh

mooi / lelijk

bermula / tamat

begin / einde

besar kecil

groot / klein

terang / gelap

licht / donker

abang / kakak

broer / zus

bersih / kotor

proper / vuil

lengkap / tidak lengkap

volledig / onvolledig

hari / malam

dag / nacht

mati / hidup

dood / levend

luas / sempit

breed / smal

boleh dimakan / tidak boleh dimakan

eetbaar / oneetbaar

jahat / baik

kwaadaardig / vriendelijk

teruja / bosan

opgewonden / verveeld

gemuk / kurus

dik / dun

pertama / terakhir

eerst / laatst

kawan / musuh

vriend / vijand

penuh / kosong

vol / leeg

keras / lembut

hard / zacht

berat / ringan

zwaar / licht

lapar / dahaga

honger / dorst

sakit / sihat

ziek / gezond

menyalahi undang-undang / undang-undang

illegaal / legaal

pintar / bodoh

intelligent / dom

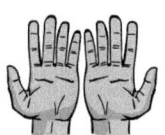

kiri / kanan

links / rechts

dekat / jauh

dichtbij / veraf

baru / lama

nieuw / gebruikt

tiada / sesuatu

niets / iets

tua / muda

oud / jong

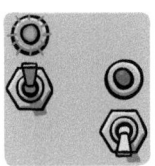

hidup / mati

aan / uit

terbuka / tertutup

open / dicht

diam / bising

stil / luid

kaya / miskin

rijk / arm

betul / salah

juist / fout

kasar / halus

ruw / glad

sedih / gembira

droevig / blij

pendek / panjang

kort / lang

lambat / laju

traag / snel

basah / kering

nat / droog

panas / sejuk

warm / koud

berperang / berdamai

oorlog / vrede

0

sifar

nul

1

satu

één

2

dua

twee

3

tiga

drie

4

empat

vier

5

lima

vijf

6

enam

zes

7

tujuh

zeven

8

lapan

acht

9

sembilan

negen

10

sepuluh

tien

11

sebelas

elf

12

dua belas

twaalf

13

tiga belas

dertien

14

empat belas

veertien

15

lima belas

vijftien

16

enam belas

zestien

17

tujuh belas

zeventien

18

lapan belas

achtien

19

Sembilan belas

negentien

20

dua puluh

twintig

100

ratus

honderd

1.000

ribu

duizend

1.000.000

juta

miljoen

Bahasa Inggeris

Engels

Bahasa Inggeris Amerika

Amerikaans Engels

Bahasa Cina Mandarin

Chinees (Mandarijn)

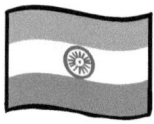

Bahasa Hindi

Hindi

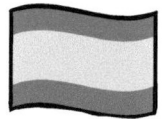

Bahasa Sepanyol

Spaans

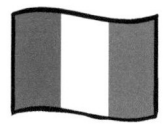

Bahasa Perancis

Frans

Bahasa Arab

Arabisch

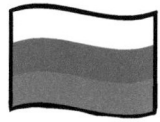

Bahasa Rusia

Russisch

Bahasa Portugis

Portugees

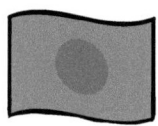

Bahasa Benggali

Bengali

Bahasa Jerman

Duits

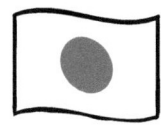

Bahasa Jepun

Japans

saya

ik

anda

u

dia / dia / ia

hij / zij / het

kita

wij

anda

u

mereka

ze

siapa?

wie?

apa?

wat?

bagaimana?

hoe?

di mana?

waar?

bila?

wanneer?

nama

naam

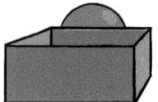

belakang
....
achter

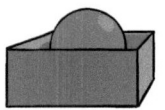

dalam
....
in

di hadapan
....
voor

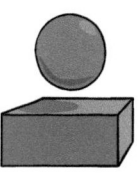

lebih
....
boven

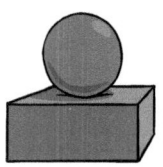

pada
....
op

di bawah
....
onder

bersebelahan
....
naast

antara
....
tussen

tempat
....
plaats